Inhaltsverzeichnis

Die bei den Zutaten angegebenen Mengen sind für 4 Personen gedacht.
Abkürzungen: EL = Eßlöffel TL = Teelöffel MS = Messerspitze

Die Frischkost

Neben dem Frischkornbrei ist die tägliche Frischkost eine Notwendigkeit im Sinne der vitalstoffreichen Vollwerternährung. Alleine kann die Frischkost, auch unter Berücksichtigung sämtlicher Arten und Sorten, den Bedarf an Vitalstoffen nicht decken. Erst durch den täglichen Verzehr von Frischkost und Frischkornbrei werden dem Körper alle notwendigen Vitalstoffe zugeführt. Auch der gesamte Eiweißbedarf des Menschen kann damit gedeckt werden. Frischkost und Frischkornbrei sind die natürliche Gesundkost. Als Heilkost sind sie die Grundlage für die Therapie ernährungsbedingter Zivilisationskrankheiten.

Die Frischkost, ein wichtiger Bestandteil der vitalstoffreichen Vollwerternährung

Bei jedem gesunden Menschen sollte die Frischkost mindestens ein Drittel, besser noch die Hälfte der täglichen Nahrung ausmachen. Kommt außerdem noch gekochte oder gebackene Nahrung auf den Tisch, dann sollte die Frischkost immer *zu Beginn* der Mahlzeit gegessen werden oder zumindest zusammen mit der gekochten Kost (z. B. Salat mit Butterkartoffeln). Gehört zu einer Mahlzeit Suppe, sollte die Frischkost auch *vor* der Suppe gegessen werden. Hier ist also ein Umdenken in den täglichen Essensgewohnheiten notwendig, das vielleicht eine kurze Eingewöhnung erfordert.

Im ersten Heft dieser Reihe, *Das gesunde Frühstück*, wurde bereits beschrieben, daß der gesundheitliche Wert unserer Nahrung nicht in Kalorien (oder Joule) gemessen werden kann. Vielmehr kommt es auf ihre Lebendigkeit und Unzerstörtheit an. Vitalstoffe und unzerstörtes, natives Eiweiß machen die Lebendigkeit unserer Nahrung aus. Auf diese beiden Komponenten soll im folgenden ausführlicher eingegangen werden.

Vitalstoffe sind biologische Wirkstoffe

Vitalstoffe sind biologische Wirkstoffe (Stoffe, die im Körper etwas bewirken), die in jeder naturbelassenen Nahrung als Begleitstoffe der Nährstoffe Eiweiß, Fett und Kohlenhydrate enthalten sind. Zu den Vitalstoffen zählen die Vitamine, Mineralstoffe, Spurenelemente, Enzyme oder Fermente, ungesättigte Fettsäuren, Aroma- und Faserstoffe. Durch die Entdeckung dieser lebendigen und somit auch leicht zerstörbaren Substanzen, war die nur auf den Nährstoffgehalt aufbauende Kalorienlehre überholt.

Die Vitalstoffe werden teilweise durch Erhitzen und weitestgehend durch Konservieren und Präparieren zerstört. Die Nährstoffe Eiweiß, Fett und Kohlenhydrate bleiben bei dieser Behandlung zumindest teilweise erhalten. Die aus *Lebensmitteln* in ihrem ursprünglichen und natürlichen Zustand durch menschliche Eingriffe entstandenen *Nahrungsmittel* können zwar nähren und sättigen und uns am Leben erhalten, unsere Gesundheit aber können sie nicht bewahren. Der Maßstab für die Vollwertigkeit der Nahrung ist daher nicht der Nährstoff- oder Kaloriengehalt, sondern es sind die in der Nahrung enthaltenen Vitalstoffe, die für die Verwertung der Nahrung beim Stoffwechsel und für dessen Funktionieren notwendig sind.

Ein bedeutender Teil der Vitalstoffe sind die *Vitamine*. Sie werden in zwei große Gruppen eingeteilt: Die wasserlöslichen mit dem Vitamin-B-Komplex und die fettlöslichen Vitamine.

Die wasserlöslichen Vitamine

Die *wasserlöslichen* Vitamine, dazu zählt auch das bekannte Vitamin C, sind zum Beispiel in rohem Gemüse jeder Art und rohen Früchten vorhanden. Der Vitamin-B-Komplex mit bislang 14 nachgewiesenen verschiedenen B-Vitaminen ist hauptsächlich in naturbelassenem Getreide (Weizen, Roggen, Gerste, Hafer, Hirse, Reis) und auch im Buchweizen enthalten. Das Getreide ist also eine wesentliche Quelle unserer Vitaminversorgung, die wichtigste für das Vitamin B_1. Je mehr Kohlenhydrate unser Körper verarbeitet, desto größer ist der Bedarf an diesem Vitamin. Von allen Zellsystemen hat das Nervengewebe den stärksten Umsatz an Kohlenhydraten. Deshalb benötigt es besonders viel Vitamin B_1.

Die fettlöslichen Vitamine

Die *fettlöslichen* Vitamine A, D, E und F sind vor allem in Ölfrüchten, naturbelassenen sogenannten kalt gepreßten Ölen, Nüssen, Getreidekeimen, Butter und naturbelassener Milch enthalten.
Heute werden einerseits zuviel Fabrikfette wie Margarine, gewöhnliche Öle und in Fertigprodukten versteckte Fette verzehrt, andererseits mangelt es unserer Nahrung an qualitativ hochwertigen naturbelassenen Fetten. Seit fünf Jahrtausenden wird Butter für die menschliche Ernährung hergestellt; neben Ölen aus Nüssen und Samen zählt sie zu den wertvollsten Fetten.
Leider stellt die Werbung Fette mit besonders hohem Anteil an mehrfach ungesättigten Fettsäuren in den Vordergrund, so daß der Verbraucher glaubt, sie wären besser als Butter, Oliven- oder Sonnenblumenöl, die geringere Mengen dieser Fettsäuren enthalten. Aber auch ein Zuviel an mehrfach ungesättigten Fettsäuren kann nachteilig sein.
Jedes Vitamin hat seine spezielle Aufgabe und seinen eigenen Wirkungsbereich und ist durch kein anderes zu ersetzen. Auch das Verhältnis der einzelnen Vitamine untereinander ist von wesentlicher Bedeutung. Unzerstörte, naturbelassene Lebensmittel garantieren auf Dauer das ausgewogene Verhältnis der Vitamine zueinander und die Deckung des Bedarfs an diesen wichtigen Vitalstoffen im Rahmen der menschlichen Ernährung. Künstliche Vitamin- und Vitalstoffpräparate können diese Aufgaben nicht erfüllen, zumal sie nur die zur Zeit bekannten und herstellbaren Vitalstoffe enthalten.

Die Mineralstoffe oder Mineralsalze

Die *Mineralstoffe*, auch Mineralsalze genannt, sind anorganische Stoffe wie Eisen, Kalium, Kalzium, Magnesium, Natrium und Phosphor. Sie erfüllen im Körper bestimmte Aufgaben; unter anderem sind sie zum Aufbau der Zellsubstanz notwendig. Bei mangelhafter oder fehlender Zufuhr treten die ver-

schiedensten Gesundheitsstörungen auf. Obwohl mit der Nahrung unterschiedliche Mengen dieser Salze in den Körper gelangen, wird im Blut ein bestimmtes Verhältnis aufrechterhalten. Überflüssiges wird ausgeschieden.
Vollgetreide, Frischsalat, unerhitztes Gemüse und Obst sind wichtige Lieferanten für Mineralstoffe. Der Verzehr von Auszugsmehlen jedoch ruft einen erheblichen Mangel an Eisen und Kalzium hervor. Ebenso entzieht der Verzehr jeglichen Fabrikzuckers dem Körper über den Stoffwechsel Kalzium.
Die Zufuhr isolierter Mineralstoffe (also nicht im natürlichen Verbund) bringt bei Mangelzuständen keine Lösung. Es kommt nicht auf die zugeführte Menge eines Mineralstoffes an, sondern auf dessen Verwertbarkeit durch einen gut funktionierenden Stoffwechsel.

Die Spurenelemente

Spurenelemente sind Mineralstoffe, die der Organismus nur in winzigen Mengen benötigt, oft nur ein millionstel Gramm täglich. Trotzdem sind sie für das Leben und die Gesundheit unentbehrlich. Bekannte Spurenelemente sind: Fluor, Jod, Kobalt, Kupfer, Mangan, Silizium und Zink. Sie sind unter anderem im Vollgetreide enthalten.

Die Enzyme oder Fermente

Enzyme oder Fermente sind die wichtigste Gruppe der Vitalstoffe. Sie sind unentbehrlich bei der Verwertung und Umwandlung der Nährstoffe. Alle biochemischen Reaktionen im organischen Bereich werden von ihnen eingeleitet, gesteuert und ermöglicht. Zu Recht zählen sie also zu den lebenserhaltenden und unersetzlichen Vitalstoffen.
Jedes Enzym, es gibt viele tausende, hat seine spezifische Aufgabe und Wirkung und kann nicht durch andere ersetzt werden. Als Eiweißsubstanzen sind Enzyme gegen Erhitzung sehr empfindlich. Bei einer Temperatur über 43° C werden sie inaktiv. Deshalb hält das menschliche Leben Fiebertemperaturen über 43° C nicht stand. Die En-

zymforschung zeigt, daß die meisten Vitamine wie Enzyme wirken. Der Vitamin-B-Komplex wird daher auch als Enzymsystem bezeichnet.
Frischkost und unerhitzte Getreidegerichte sind reich an Enzymen und daher wichtiger Bestandteil der vitalstoffreichen Vollwerternährung.

Ungesättigte Fettsäuren

Ungesättigte Fettsäuren spielen in der modernen Ernährungslehre eine wichtige Rolle. Sie sind für den Menschen unentbehrlich. Sie bestehen hauptsächlich aus Linolsäure, Linolensäure (früher als Vitamin F bezeichnet), Arachidensäure und Eicosadiensäure. Als Teile lebendiger Fette reagieren sie im Stoffwechsel, d. h. sie besitzen die Fähigkeit, mit anderen Stoffen, z. B. Eiweißstoffen, neue Verbindungen einzugehen.

Die Aroma- oder Geruchsstoffe

Unter dem Begriff *Aromastoffe* wird die Gesamtheit aller Geruchsstoffe von Lebensmitteln zusammengefaßt. Sie sind in allen pflanzlichen Früchten enthalten und geben den einzelnen Lebensmitteln ihren besonderen, unverwechselbaren und einmaligen Charakter. Durch ihre ganz unterschiedlichen Geruchsnuancen, erwähnt sei nur die Vielzahl der Gemüse- und Obstsorten, stimulieren sie die Speichelsekretion und sind bestimmend für die Nahrungsauswahl und -menge. Die Kochkunst beruht auf einer geschickten Kombination der Aromastoffe der verwendeten Lebensmittel. Ein angenehmer Essensduft leitet die Verdauung schon lange vor dem ersten Bissen ein.
Meist bilden die Geruchsstoffe erst im Komplex das typische Aroma. In vielen Lebensmitteln sind mehr als hundert Aromastoffe nachweisbar. Pflanzen, die Aroma- und Duftstoffe in besonderer Konzentration und Intensität enthalten, finden als Tee und Gewürze Verwendung. Außer den natürlichen Aromastoffen, die in Lebensmitteln enthalten sind oder sich bei deren Verarbeitung bilden, werden vor allem in der industriell hergestellten Nahrung naturidentische (synthetisch hergestellte) und künst-

liche (neuartige, in der Natur unbekannte) Aromastoffe verwendet.

Die Faserstoffe

Als *Faserstoffe* werden biologische Wirkstoffe besonderer Art bezeichnet. Sie sind weitgehend mit Zellulose identisch. Zellulose ist eine organische Verbindung, aus der die pflanzlichen Zellwände aufgebaut sind. Lange Zeit wurde die Zellulose für unverdaulich gehalten und ihre Bedeutung für die menschliche Ernährung unterschätzt. Auch die Hemizellulose, Pektine und Lignine zählen zu den Faserstoffen.

Im Vollgetreide ist der Anteil der Faserstoffe 6 bis 10%. Sie finden sich hauptsächlich in den Randschichten. Je nach dem Ausmahlungsgrad ist ihr Anteil im Mehl deshalb unterschiedlich. Vollkornmehl enthält wesentlich mehr Faserstoffe als minderwertiges Auszugsmehl.

Faserstoffe haben quellende und absorptive (aufsaugende) Eigenschaften. Durch mehr Faserstoffe vergrößert sich das Volumen und erhöht sich der Wassergehalt des Speisebreies, also der zerkauten Nahrung. Dadurch wiederum wird ein besserer Nährboden für das Wachstum gesundheitsfördernder Darmbakterien geschaffen.

Die Faserstoffe tragen zur Bindung freier Gallensäuren und damit zur Entlastung des Cholesteringehaltes in Leber und Serum bei. Außerdem senken sie den Fettgehalt des Körpergewebes.

Der dämpfende Einfluß auf die Blutzuckerkurve nach dem Verzehr von Kohlenhydraten wie Frischkost, Frischkorngericht und Vollkornbrot ist besonders für den Diabetiker wichtig. Zusammen mit anderen Vitalstoffen erhöhen Faserstoffe die Pufferkapazität im Magen und binden überschüssige Magensäure. Die Verweildauer des Speisebreies im Magen wird verlängert und wirkt dämpfend auf das Hungergefühl.

Es ist also irreführend unf falsch, Faserstoffe als Ballaststoffe zu bezeichnen, denn es handelt sich nicht um Ballast, der lediglich den Magen füllt und den Darm gewissermaßen scheuert. Vielmehr sind Faserstoffe wertvolle Vitalstoffe, die komplizierte Stoffwechselvorgänge aktivieren und steuern.

Bei den hier beschriebenen einzelnen Vitalstoffen handelt es sich um hoch wirksame, aber empfindliche Substanzen, die in allen naturbelassenen Lebensmitteln enthalten sind. In Nahrungsmitteln, die durch Erhitzen, Konservieren und Präparieren Schaden erlitten haben, ist ein großer Teil der für unsere Gesundheit wichtigen Vitalstoffe zerstört. Unsere tägliche Nahrung muß also naturbelassene Lebensmittel in genügender Menge enthalten, um unseren Körper mit lebens- und gesundheitswichtigen Vitalstoffen zu versorgen.

Der Bedarf unseres Körpers an hochwertigem Eiweiß

Ein weiterer wichtiger Grund, warum zumindest ein Teil der Nahrung aus unerhitzten, naturbelassenen Lebensmitteln bestehen muß, ist der Bedarf unseres Körpers an hochwertigem *Eiweiß*. Die wissenschaftliche Bezeichnung für Eiweiß ist Protein. Eiweiß ist der Träger des Lebens, Fett und Kohlenhydrate sind Energie- und Nährstoffträger.
Jahrzehntelang wurde fälschlicherweise angenommen, daß nur tierisches Eiweiß alle notwendigen Eiweißbausteine (essentielle Aminosäuren) für die menschliche Ernährung enthalte, pflanzliches Eiweiß dagegen nicht. Diese Ansicht ist heute noch weit verbreitet. Schon vor etwa fünfzig Jahren wurde jedoch durch wissenschaftliche Untersuchungen nachgewiesen, daß pflanzliches Eiweiß genau so vollwertig ist wie tierisches. Unser täglicher Eiweißbedarf kann also mit ausschließlich pflanzlichen Lebensmitteln voll gedeckt werden.
Wer täglich ein Frischkorngericht und Frischkost – über und unter der Erde wachsende Salate und Gemüse – sowie Frischobst verzehrt, braucht sich über die Deckung des Eiweißbedarfs keine Gedanken zu machen.

Abb. folgende Seiten:
Frühlingssalate: Wildkräutersalat Frühling, Spinatsalat mit Tomaten, Kopfsalat Maikönig, Rettichsalat mit Kresse

Seit den grundlegenden Forschungen von Prof. Kollath ist bekannt, daß es beim Verzehr von Eiweiß nicht wesentlich ist, ob dieses vom Tier oder von der Pflanze stammt, sondern ob es sich um erhitztes (denaturiertes) oder um unerhitztes (natives) Eiweiß handelt. Unerhitztes, natives Eiweiß ist zur Erhaltung unserer Gesundheit von größter Wichtigkeit. Dies gilt auch für das Tierreich. Raubtiere fressen ihre Beute im rohen Zustand mit Haut und Haaren. Da es nicht menschengerecht ist, rohe, ganze Tiere zu essen, muß der Mensch seinen Bedarf an nativem Eiweiß mit unerhitztem Getreide, Gemüse, Nüssen, Samen und Obst decken. Von diesen Eiweißträgern braucht nur so viel gegessen zu werden, bis die Sättigung erreicht ist. Je größer der Anteil unerhitzter Nahrung an unserer täglichen Nahrungsmenge ist, umso besser werden wir mit nativem Eiweiß versorgt. Je mehr natives Eiweiß gegessen wird, umso geringer ist also der gesamte tägliche Eiweißbedarf. Die Muttermilch als natürlichste Nahrung für den Säugling enthält nur etwa 2% Eiweiß, obwohl sich in dieser Zeit Wachstum und Aufbau des Körpers mit Höchstgeschwindigkeit vollziehen. Das Wachstum des jungen Menschen verlangsamt sich aber ständig und hört in einem bestimmten Alter ganz auf. Deshalb wird der Bedarf an aufbauendem Eiweiß mit fortschreitendem Alter geringer. In pflanzlicher Nahrung wurde ein durchschnittlicher Eiweißgehalt von 3% festgestellt. Bei der pflanzlichen Frischkost sorgt die Natur also für ein überreichliches Angebot an nativem Eiweiß.
Immer wieder wird versucht, Unsicherheit in bereits wissenschaftlich geklärte Fragen des Eiweißproblems zu bringen, etwa mit der Behauptung, natives Eiweiß werde bei der Verdauung ohnehin denaturiert. Deshalb sei hier festgehalten, daß es sich beim menschlichen Verdauungsprozeß von nativem Eiweiß nicht um eine Denaturierung han-

delt. Vielmehr wird bei der Verdauung das Eiweiß in Peptone und Aminosäuren gespalten. Dieser chemische Abbauprozeß kann nicht mit der durch Erhitzung auftretenden physikalischen Strukturveränderung des Eiweißmoleküls verglichen werden.
Die Ernährungslehre von Prof. Kollath beruht u. a. auf Forschungsergebnissen bei Tierfütterungsversuchen. Wenn Verdauung mit Denaturierung gleichzusetzen wäre, müßte es ja logischerweise gleichgültig sein, ob Tiere erhitztes oder unerhitztes Futter bekämen. Erhitztes Futter aber führt, wie Kollath bewies und wie jeder Zoodirektor weiß, auch beim Tier zu Krankheit und Tod, schneller noch als beim Menschen. Auch das Tier, gleichgültig ob es von anderen Tieren oder von Pflanzen lebt, braucht lebendige, unerhitzte Nahrung.
Aus alledem können wir das Fazit ziehen, daß wir beim Verzehr von unerhitzter Nahrung optimal mit allen Vitalstoffen und nativem (unerhitztem) Eiweiß versorgt werden.

Die Fremdstoffe in unserer Nahrung

Durch die verschiedensten Umwelteinflüsse und die chemische Schädlingsbekämpfung gelangen viele *Fremdstoffe* in unsere tägliche Nahrung, deren gesundheitsschädigenden Wirkungen im menschlichen Organismus bekannt und nachgewiesen sind. Da diese Stoffe nicht auf der Oberfläche verbleiben, sondern mit dem Saftstrom in der ganzen Pflanze verteilt werden, müssen sie zwangsläufig über die tägliche Nahrung in den Organismus gelangen. Es wäre deshalb unwahr zu behaupten, durch Waschen und Schälen von Gemüse und Früchten könnten diese schädigenden Substanzen entfernt werden. Selbstverständlich müssen wir Obst und Gemüse aus allgemein hygienischen Gründen waschen. Dadurch kann die Giftzufuhr jedoch nur ganz geringfügig vermindert werden. Das Schälen der Früchte zur Verringerung

der Schadstoffe ist nicht nur zwecklos, sondern sogar ausgesprochen nachteilig. Gerade die Fruchtschalen enthalten wichtige Wirkstoffe, die den Entgiftungsvorgang in der Leber wirksam unterstützen. Die Leber, unser wichtigstes und größtes Stoffwechsel- und Entgiftungsorgan, ist auf das Vorhandensein aller Vitalstoffe, auch der in der Fruchtschale sitzenden, angewiesen.
Ein weiterer Irrtum ist die Annahme, giftige Stoffe könnten durch Kochen zerstört werden. Leider wird beim Kochen der Nahrung ein Teil der biologischen Wirkstoffe zerstört. Diese fehlen dann der Leber für den Entgiftungsvorgang bei schadstoffbehafteter Nahrung. Die Fremdstoffe tragen zwar ursächlich nicht zur Entstehung der Zivilisationskrankheiten bei, schädigen jedoch zweifellos unser Immun- und Nervensystem.

Lebensmittel aus biologischem Anbau

Es wäre für uns alle von Vorteil, Gemüse, Salat, Obst und Getreide aus biologischem Anbau ständig zur Verfügung zu haben. Diese Lebensmittel sind nicht nur gesünder, sondern auch bedeutend wohlschmeckender. Falls solche Erzeugnisse nicht oder nur eingeschränkt zur Verfügung stehen, müssen wir umso mehr darauf achten, daß wir einen Großteil unserer Nahrung in rohem, natürlichem Zustand essen, um die Wertminderung so gering wie möglich zu halten.
Mit dem Kauf biologisch angebauter Lebensmittel nützen wir nicht nur unserer Gesundheit, sondern leisten auch einen großen Beitrag zum Schutze unserer Umwelt: Verbesserung unserer Böden, Flüsse, Seen, Meere, des Grundwassers und der Luft; die Energie, die zur Herstellung von Kunstdünger und chemischen Schädlingsbekämpfungsmitteln notwendig ist, wird eingespart. Auch der Verzehr eines großen Anteils von Frischkost trägt zur Energieeinsparung bei, einmal, weil die Nahrung ohne oder mit nur geringem Verbrauch von Energie zubereitet wird, zum anderen, weil indu-

strielle Verarbeitungsmethoden (Erhitzen, Konservieren und Präparieren) entfallen, die mit hohem Energieeinsatz doch nur eine Entwertung der Nahrung mit sich bringen.

Was alles roh gegessen werden kann

Es gibt nur wenige Gemüse- und Obstsorten, die nicht roh gegessen werden können. Dazu zählen Kartoffeln, grüne Bohnen, verschiedene Hülsenfrüchte, Eßkastanien und Quitten.

Fast alle anderen Gemüsesorten, die über und unter der Erde wachsen, eignen sich hervorragend als Frischkost.

Über der Erde wachsen: Weißkraut, Blaukraut, Grünkohl, Wirsing, Broccoli, Blumenkohl, sämtliche grüne Salatsorten, Feldsalat, Gurken, Tomaten, Stangensellerie, Kohlrabi, Spinat, Paprikaschoten, Zucchini, Fenchel, Garten- und Wildkräuter.

Unter der Erde wachsen: Rettich, Radieschen, Zwiebel, Knoblauch, Rote Rübe, Karotte, Topinambur, Sellerie, Schwarzwurzel, Chicorée, Pastinake, Spargel.

Eine Kombination von über und unter der Erde wachsendem Gemüse ist sehr zu empfehlen, weil wir damit eine sinnvolle Ausgewogenheit aller Vitalstoffe erreichen.

Für das Zerkleinern von Salat, Gemüse und Obst sind Reiben, Raffeln oder eine Rohkostmaschine mit verschiedenen Trommel- oder Scheibeneinsätzen unerläßlich. Sämtliche Stahlteile sollten aus rostfreiem Stahl hergestellt sein. Siehe Zeichnungen auf Seite 16.

Kronenreibetrommel

Scheibentrommel

Große Lochtrommel

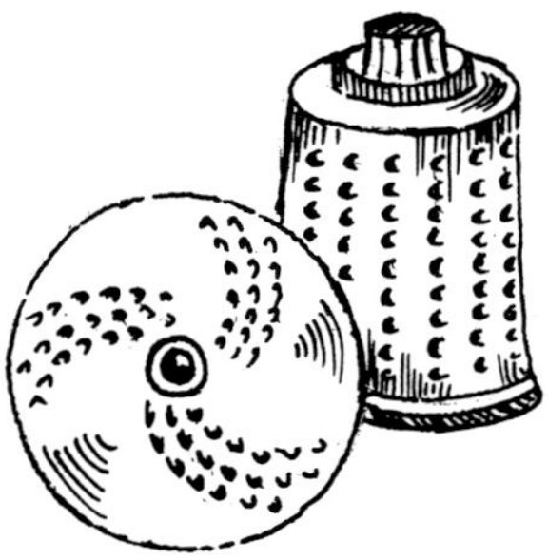

Nuß- oder Feintrommel

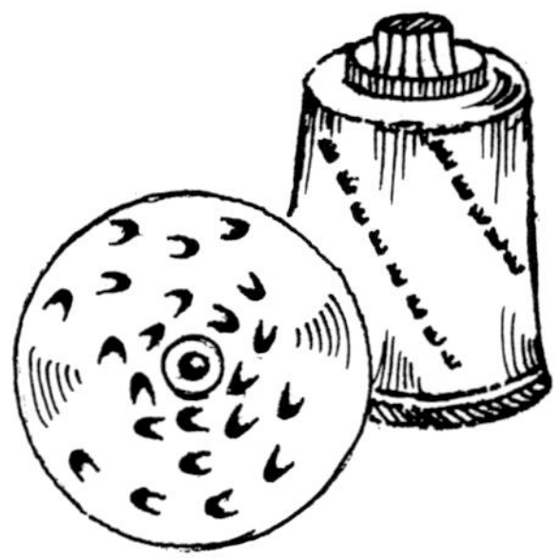

Sellerie- oder Stäbchentrommel

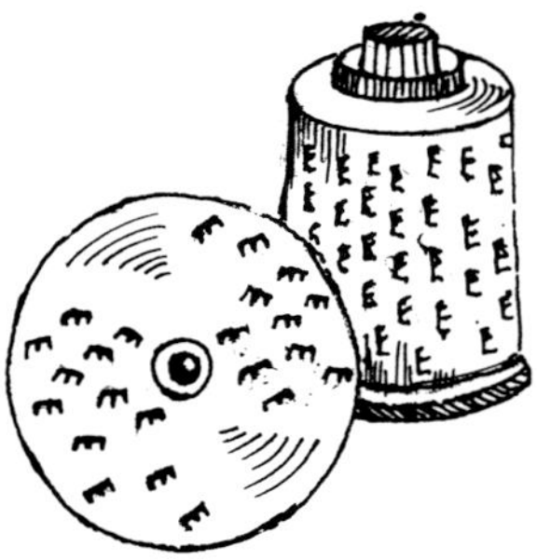

Bircher-Trommel

Avokadosalat Kreta

1 Avokado (ca. 300 g), weich
500 g Tomaten
400 g Gurken
250 g grüne Paprikaschoten
100 g lila Zwiebeln

75 g grüne Oliven
1 EL Kapern
½ TL Origano
Pfeffer aus der Mühle

½ TL Kräutersalz
2 EL Olivenöl, kalt gepreßt
3 EL Zitronensaft

Avokado der Länge nach halbieren, mit einem Eßlöffel das Fruchtfleisch herausnehmen und würfeln. Tomaten achteln, Gurken mit der Schale der Länge nach halbieren und scheibeln, Paprikaschoten in feine Streifen schneiden, Zwiebel halbieren und in Ringe schneiden.
Alles in eine Salatschüssel geben, mit gescheibelten Oliven, Kapern, Origano, Kräutersalz und Pfeffer bestreuen. Öl mit Zitronensaft cremig rühren und darüberträufeln. Alles vorsichtig mischen und 15 Minuten ziehen lassen.

Abb. S. 17

Blaukrautsalat

Blaukraut fein hobeln (Rohkostmaschine: Scheibentrommel), mit Kräutersalz bestreuen und gut mischen. Mit dem Kartoffelstampfer kurz stoßen, damit es weich wird. Zugedeckt 1 Stunde ziehen lassen.
Zitronensaft mit Öl cremig rühren. Kleingeschnittene Zwiebeln, gewürfelte Äpfel und gehackte Mandeln dazugeben. Alles über das vorbereitete Blaukraut geben und gut mischen.

500 g Blaukraut (Rotkraut), netto
½ TL Kräutersalz

Saft von 1 Zitrone, unbehandelt
4 EL Mandelöl, kalt gepreßt
50 g Zwiebeln
300 g Äpfel
50 g Mandeln

Sommersalate: Champignonsalat, Paprikasalat Alexandria, Eissalat mit Melone, Prinzeß-Tomate, Avokadosalat Kreta

Blumenkohl mit Karotten

500 g Blumenkohl, netto
400 g Karotten
2 MS Kräutersalz

150 g Feldsalat oder grüner Blattsalat

¼ l Buttermilch
3 EL Sonnenblumenöl, kalt gepreßt
2 TL körniger Senf
2 MS Anis, gemahlen
1 Bund Schnittlauch

Abb. S. 42/43

Blumenkohlröschen und Karotten raspeln (Rohkostmaschine: große Lochtrommel), mit Kräutersalz bestreuen und mischen. Feldsalat oder Blattsalat waschen und abtropfen lassen.
Buttermilch mit Öl, Senf, Anis und fein geschnittenem Schnittlauch verrühren, Blumenkohl mit Karotten dazugeben und mischen.
Feldsalat oder Blattsalat auf Teller oder in eine Schüssel breiten und den angemachten Blumenkohl-Karotten-Salat darauf verteilen.

Broccoli Venezia

350 g Broccoli
500 g Tomaten

⅛ l Sahne
⅛ l Sauerrahm
2 EL Kräutersenf
2 MS Kräutersalz
1 TL getrocknete Salatkräuter
2 Knoblauchzehen
1 Bund Schnittlauch
1 Bund Dill

Broccoli waschen, in kleine Röschen teilen, die Tomaten achteln.
Unter die steif geschlagene Sahne Sauerrahm, Senf, Kräutersalz und Salatkräuter rühren. Knoblauch, Schnittlauch und Dill fein schneiden und unterziehen.
Broccoli und Tomaten werden abwechselnd im Kreis auf Salatteller gelegt, in die freigebliebene Tellermitte die Salatcreme gießen. Broccoli und Tomaten beim Essen in die Salatcreme stippen.

Bunter Staudenselleriesalat

Staudensellerie mit Blättern in 1 cm breite Stücke schneiden. Tomaten würfeln, Karotten scheibeln. Obstessig mit Öl, Salz und Senf cremig rühren. Kapern und fein geschnittene Zwiebeln dazugeben. Über vorbereitetes Gemüse gießen, gut mischen und mit Oliven garniert anrichten.

500 g Staudensellerie
400 g Tomaten
200 g Karotten
12 schwarze Oliven

3 EL Obstessig
4 EL Olivenöl, kalt gepreßt
½ TL Vollmeersalz
1 EL körniger Senf
1 EL kleine Kapern (Nonpareilles)
75 g Zwiebeln

Abb. S. 42/43

Champignonsalat

Frische Champignons waschen und fein scheibeln. Paprikaschoten entkernen und kleinwürflig schneiden. Petersilie fein hacken.
Öl mit Zitronensaft, Senf, Cayennepfeffer, Salz und fein geschnittener Zwiebel cremig rühren. Pilze und Paprikaschoten dazugeben und unter die Salatsauce heben.
Salatblätter auf Teller oder in eine Schüssel ausbreiten, Pilzsalat darauf verteilen und mit gehackter Petersilie bestreuen.

250 g frische Champignons oder Egerlinge
250 g rote Paprikaschoten
250 g gelbe Paprikaschoten
1 EL gehackte Petersilie

5 EL Sonnenblumenöl, kalt gepreßt
Saft von ½ Zitrone, unbehandelt (3 EL)
1 TL körniger Senf
1 MS Cayennepfeffer
2 MS Kräutersalz
1 kleine Zwiebel

ca. 8 Salatblätter

Abb. S. 17

Chicoréesalat Granata

400 g Chicorée
250 g Sellerie
1 Granatapfel (ca. 300 g)
150 g Ananas, netto
1 Staude Radicchio (ca. 200 g)
Petersiliengrün

Saft von 1 Zitrone, unbehandelt
4 EL Sonnenblumenöl, kalt gepreßt
2 MS Vollmeersalz
1 Zwiebel (50 g)

Abb. S. 22/23

Zitronensaft mit Öl cremig rühren, Salz und feingeschnittene Zwiebel dazugeben.
Chicorée mit Strunk in 1 cm breite Scheiben schneiden und Sellerie grob raspeln (Rohkostmaschine: große Lochtrommel). Granatapfel vierteln und durch Zurückbiegen der Schale Kerne herauslösen, Ananas fein stifteln. Alles zur Salatsauce geben und leicht mischen.
Radicchioblätter von der Staude lösen. Schüssel oder Salatteller damit auslegen, Salat darauflegen und mit Petersilienblatt verzieren.

Chicoréesalat Korinth

500 g Chicorée
300 g Äpfel
5 Mandarinen, kernlos
2 EL Korinthen
100 g Schafskäse

300 g Joghurt
1 TL körniger Senf
1 TL Akazienhonig
Saft von ½ Zitrone, unbehandelt
Saft von 1 Mandarine
2 EL Petersilie

Korinthen ca. 1 Stunde in lauwarmem Wasser einweichen. Chicorée gründlich waschen und in ½ cm dicke Ringe schneiden (Strunk mitverwenden). Äpfel klein würfeln, Mandarinen schälen und in Spalten teilen. Schafskäse klein schneiden. Alles nun abwechselnd schichtweise in eine Glasschüssel breiten.
Joghurt mit Senf, Honig, Zitronen- und Mandarinensaft cremig rühren, fein gehackte Petersilie dazurühren. In eine Sauciere füllen und zum Salat reichen.

Chinakohl mit Orangen

Chinakohl entblättern, waschen und in feine Streifen schneiden. Orangen schälen und klein würfeln. Joghurt mit Öl, Obstessig, Senf, Salz und Honig verrühren. Fein geschnittene Zwiebel und Dill hinzufügen, über das vorbereitete Gemüse und Obst gießen und gut mischen.
In Schüssel oder auf Salatteller geben und mit grob gehackten Walnußkernen bestreuen.

600 g Chinakohl
500 g Orangen

200 g Joghurt
3 EL Sonnenblumenöl, kalt gepreßt
2 EL Obstessig
1 TL körniger Senf
2 MS Vollmeersalz
1 TL Akazienhonig
1 kleine Zwiebel
2 EL frischer Dill

4 EL Walnußkerne

Eissalat mit Melone

Eissalat waschen, trockenschleudern und in kleine Stücke reißen. Die Wassermelone in Viertel, dann in Scheiben schneiden, entkernen, Fruchtfleisch von der Schale abschneiden und würfeln. Mit dem Melonenmesser aus der Netzmelone kleine Kugeln stechen, Walnußkerne grob hacken. In eine Glasschüssel nun lagenweise Salat, Wassermelone, Netzmelone und Nüsse schichten.
Zitronensaft mit Öl, Salz und Honig cremig rühren und über den Salat träufeln. 15 Minuten ziehen lassen und erst bei Tisch mischen.

1 Eissalat
½–1 Wassermelone
1 Netzmelone
75 g Walnußkerne

Saft von 1 Zitrone, unbehandelt
4 EL Walnußöl, kalt gepreßt
½ TL Vollmeersalz
1 TL Akazienhonig

Abb. S. 17

*Abb. folgende Seiten:
Wintersalate: Chicoréesalat Granata, Walnuß-Kraut-Salat, Sauerkrautsalat Krim, Topinambursalat Brasilia*

NATURPRODUKTE E. PERLINGER
Apfelessig
5 % Säure
NATURPRODUKTE E. PERLINGER
Österreichisches
kalt gepreßt
0,75 Lt.

Eissalat pikant

1 Staude Eissalat
3 Zwiebelschlotten
(Frühlingszwiebeln)
1 Bund Dill
300 g Tomaten
300 g Gurken
2 MS Vollmeersalz

60 g Roquefort
Saft von 1 Zitrone, unbehandelt
4 EL Olivenöl, kalt gepreßt
1–2 Knoblauchzehen

Den gut gewaschenen Salat in ca. 2 cm breite Streifen schneiden. Zwiebelschlotten und Dill fein schneiden, Tomaten achteln und Gurken mit der Schale in dicke halbe Scheiben schneiden.
Die Salatzutaten schichtweise in eine Schüssel geben und hauchdünn Salz dazwischen streuen.
Salatsauce: Roquefort mit der Gabel zerdrücken und mit Zitronensaft und Öl cremig rühren. Die Knoblauchzehen dazupressen und das Dressing in einer Sauciere reichen.
Die Salatsauce kann auch 1–2 Tage im Kühlschrank aufbewahrt werden.

Endivie mit Champignons

1 mittelgroße Staude Endivie
250 g frische Champignons
oder Egerlinge

5 EL Olivenöl, kalt gepreßt
3 EL Obstessig
2 MS Vollmeersalz
1 TL Akazienhonig
1 TL körniger Senf
50 g Zwiebeln
2 EL frische Gartenkräuter

200 g Tomaten

Endivie gut waschen, abtropfen lassen und in feine Streifen schneiden. Pilze waschen und feinblättrig schneiden.
Öl mit Obstessig, Salz, Honig und Senf cremig rühren. Fein geschnittene Zwiebeln und Gartenkräuter dazugeben.
Salatsauce über vorbereiteten Salat und Pilze geben und vorsichtig mischen.
Tomaten in Achtel schneiden und Salat damit garnieren.

Endivie mit Radieschen

Endivie gut waschen, abtropfen lassen und in feine Streifen schneiden. Äpfel klein würfeln und Radieschen scheibeln.
Joghurt mit Öl, Obstessig, Senf und Salz verrühren und fein geschnittenen Schnittlauch dazugeben.
Über den vorbereiteten Salat gießen und mischen.

1 mittelgroße Staude Endivie
250 g Äpfel
2 Bund Radieschen

200 g Joghurt
3 EL Sonnenblumenöl, kalt gepreßt
2 EL Obstessig
2 MS Vollmeersalz
1 TL körniger Senf
1 Bund Schnittlauch

Feldsalat mit Tomaten

Feldsalat gründlich waschen und abtropfen lassen, Tomaten in große Würfel schneiden, Knoblauchzehe und Zwiebeln fein würfeln.
Essig, Öl, Senf und Salz mit dem Schneebesen cremig rühren, über den vorbereiteten Salat gießen und alles mischen.

200 g Feldsalat (Rapunzel)
800 g Tomaten
1 Knoblauchzehe
100 g Zwiebeln

3 EL Obstessig
4 EL Sonnenblumenöl, kalt gepreßt
1 TL körniger Senf
½ TL Vollmeersalz

Fenchel-Kraut-Salat

Vom Fenchel die Strünke mit Grün abschneiden, waschen, vierteln und fein aufschneiden, ebenso das Weißkraut. Orangen, Birnen und Apfel vierteln und fein scheibeln. Kürbiskerne, gehackte Petersilie und Fenchelgrün darüberstreuen.
Essig und Öl cremig rühren. Fein geschnittene Zwiebeln, Senf und Vollmeersalz dazurühren und über das vorbereitete Gemüse und Obst geben. Alles gut mischen.

500 g Fenchel
300 g Weißkraut
2 Orangen
2 Birnen
1 Apfel
4 EL Kürbiskerne
2 EL Petersilie

3 EL Obstessig
4 EL Olivenöl, kalt gepreßt
50 g Zwiebeln
1 TL körniger Senf
2 MS Vollmeersalz

Gemischter Lauchsalat

150 g Lauch, netto
150 g Feldsalat
200 g Karotten
500 g Tomaten

¼ l Buttermilch
3 EL Olivenöl, kalt gepreßt
1 TL körniger Senf
2 MS Vollmeersalz

Vom Lauch werden nur die hellen, zarten Teile für die Frischkost verwendet (restlichen Lauch für Suppe oder Gemüse verwenden).
Lauchstengel der Länge nach halbieren, sauber waschen und fein schneiden. Gut gewaschenen Feldsalat abtropfen lassen, Karotten scheibeln und Tomaten achteln.
Buttermilch mit Olivenöl, Senf und Salz verrühren. Über das vorbereitete Gemüse gießen und gut mischen.

Grapefruit Cardinal

2 rote Grapefruits, unbehandelt
300 g rote Rüben
200 g Birnen
2 EL Olivenöl, kalt gepreßt
4 grüne oder rote Salatblätter

2 EL Cashewkerne

Grapefruits waschen, halbieren, ringsherum mit dem Messer Fruchtfleisch vom Rand lösen und entlang der Spalten einschneiden. Mit einem Teelöffel Grapefruitstückchen herausnehmen.
Rote Rüben sauber bürsten und zusammen mit den Birnen fein reiben (Rohkostmaschine: Birchertrommel). Mit Öl, dem entstandenen Grapefruitsaft und den Grapefruitstückchen mischen.
Salatblätter auf Teller breiten, leere Grapefruithälften daraufstellen und diese mit dem Rote-Rüben-Gemisch füllen. Mit gehackten Cashewkernen bestreuen.

Griechischer Bauernsalat

Tomaten achteln, Gurke mit der Schale der Länge nach halbieren und dünn scheibeln, Paprikaschoten in Streifen und die Zwiebeln halbiert in Ringe schneiden. Alles in eine breite Schüssel geben, Oliven, Kapern und Origano darüber verteilen. Zitronensaft, Olivenöl und Vollmeersalz cremig rühren und darüberträufeln. Schafskäse klein würfeln und darüberstreuen. Alles 15–30 Minuten ziehen lassen und ungemischt auftragen.

600 g Tomaten
400 g Gurken
350 g Paprikaschoten, grün
125 g lila Zwiebeln
100 g schwarze Oliven
1 EL Kapern
½ TL Origano, getrocknet oder 2 TL, frisch

Saft von 1 Zitrone, unbehandelt
4 EL Olivenöl, kalt gepreßt
2 MS Vollmeersalz
150–200 g Schafskäse

Abb. S. 28

Gurken-Tomaten-Salat

Gurken sauber waschen und bürsten, der Länge nach halbieren und mit der Schale in halbe Scheiben aufschneiden. Tomaten achteln.
Sauerrahm mit Obstessig, Salz, Pfeffer, feingeschnittenen Zwiebeln und Schnittlauch verrühren. Über das vorbereitete Gemüse geben und mischen.

600 g Schlangengurken
400 g Tomaten

200 g Sauerrahm
2 EL Obstessig
2 MS Kräutersalz
Pfeffer aus der Mühle
75 g Zwiebeln
1 Bund Schnittlauch

Karotten mit Feldsalat

Karotten sauber waschen, grob raspeln (Rohkostmaschine: große Lochtrommel). Äpfel klein würfeln, Feldsalat gründlich waschen und abtropfen lassen.
Öl mit Obstessig, Salz und Senf cremig rühren. Fein geschnittene Zwiebeln und frischen, fein geriebenen Meerrettich dazugeben. Über das vorbereitete Gemüse gießen und gut mischen.

600 g Karotten
250 g Äpfel
200 g Feldsalat

6 EL Sonnenblumenöl, kalt gepreßt
2 EL Obstessig
2 MS Vollmeersalz
1 TL körniger Senf
50 g Zwiebeln
1 EL frisch geriebener Meerrettich

Griechischer Bauernsalat

Kohlrabi pikant

Kohlrabi schälen und grob raspeln (Rohkostmaschine: große Lochtrommel), Tomaten würfeln. Buttermilch mit Obstessig, Öl, Salz und Senf verrühren. Kapern, fein geschnittene Zwiebeln, Gurke und Schnittlauch dazugeben.
Salatsauce über das vorbereitete Gemüse gießen und mischen. Salatblätter auf Teller oder in Schüssel breiten und Salat darauf verteilen.

2 mittelgroße, zarte Kohlrabi
500 g Tomaten
4 große Salatblätter

¼ l Buttermilch
2 EL Obstessig
2 EL Sonnenblumenöl, kalt gepreßt
2 MS Vollmeersalz
1 TL körniger Senf
1 EL kleine Kapern
50 g Zwiebeln
1 milchsaure Gurke
1 Bund Schnittlauch

Kopfsalat bunt

Kopfsalat sorgfältig waschen, in mundgerechte Stücke reißen und im Sieb abtropfen lassen.
Tomaten achteln, Gurke der Länge nach halbieren und mit der Schale in halbe Scheiben schneiden, Borretschblätter fein hacken.
Öl mit Obstessig, Salz und Senf cremig rühren, fein geschnittene Zwiebeln dazugeben.
Über den vorbereiteten Salat gießen und mischen. Mit Borettsch bestreut anrichten.

1 Kopfsalat (oder Endivie oder Eissalat)

400 g Tomaten
300 g Schlangengurken
10 Blätter Borretsch

5 EL Sonnenblumenöl, kalt gepreßt
3 EL Obstessig
2 MS Vollmeersalz
1 TL körniger Senf
50 g Zwiebeln

Kopfsalat Frühling

Kopfsalat sorgfältig waschen, in mundgerechte Stücke reißen und im Sieb abtropfen lassen. Zwiebelschlotten fein aufschneiden und Radieschen vierteln oder achteln, je nach Größe.
Buttermilch mit Öl, Obstessig, Salz und Senf verrühren. Fein gehackte Wildkräuter dazugeben. Über den vorbereiteten Salat gießen und mischen.

1 Kopfsalat oder Eissalat
4 junge zarte Zwiebelschlotten
1–2 Bund Radieschen

¼ l Buttermilch
2 EL Sonnenblumenöl, kalt gepreßt
2 EL Obstessig
2 MS Kräutersalz
1 TL körniger Senf
2 EL Wildkräuter (s. S. 33)

Kopfsalat Maikönig

1 Kopfsalat oder Eissalat
125 g junger Spinat
125 g zarter Spargel, netto
1 Bund Radieschen

200 g Joghurt
2 EL Obstessig
2 EL Olivenöl, kalt gepreßt
2 MS Vollmeersalz
1 TL Akazienhonig
1 TL körniger Senf
1 Bund Dill
1 Bund Schnittlauch

Abb. S. 10/11

Kopfsalat sorgfältig waschen, in mundgerechte Stücke reißen und im Sieb abtropfen lassen. Spinat waschen und mit den Stielen fein schneiden. Spargel sorgfältig schälen und in Stückchen schneiden, Radieschen scheibeln.

Joghurt mit Obstessig, Öl, Salz, Honig und Senf verrühren. Fein geschnittenen Dill und Schnittlauch dazugeben.

Salatsauce über vorbereiteten Salat und Gemüse gießen und mischen.

Kopfsalat Taiwan

1 Kopfsalat oder Eissalat
400 g Birnen
40 g grüne Sojabohnen (Mungbohnen), gekeimt
40 g Cashewnüsse

5 EL Sonnenblumenöl, kalt gepreßt
3 EL Obstessig
2 MS Ingwer
2 MS Vollmeersalz
1 TL Sanddornsaft, honiggesüßt
1 Spur Cayennepfeffer

Kopfsalat sorgfältig waschen, in mundgerechte Stücke reißen und im Sieb abtropfen lassen. Birnen vierteln und fein scheibeln.

Öl mit Obstessig, Ingwer, Salz, Sanddornsaft und Cayennepfeffer cremig rühren. Die gekeimten Sojabohnen (siehe unten) hineingeben und 1 Stunde ziehen lassen.

Salat und Birnen unterheben und mit gehackten Cashewkernen bestreut anrichten.

Keimen von grünen Sojabohnen:

Bohnen im Sieb waschen und in großer Tasse in reichlich Wasser 12 Stunden bei Zimmertemperatur quellen lassen. Danach jeweils früh und abends in ein Sieb geben und mit Wasser abbrausen. In Tasse zurückgeben und abdecken.

Nach 1–2 Tagen werden Keime sichtbar. Bei einer Keimlänge von ½–1 cm sind die Bohnen gebrauchsfertig. Es werden nicht nur die Keime, sondern auch die Bohnen gegessen.

Die gekeimten Bohnen können 2–3 Tage im Kühlschrank aufbewahrt werden. Danach vor dem Verbrauch wieder abbrausen.

Krautsalat Max und Moritz

1 kleines Weißkraut
1 kleines Blaukraut
5 EL Obstessig
1½ l Wasser

1 Bund Kräuselpetersilie

Füllung:
½ Rezeptmenge Sauerkrautsalat Hawaii
½ Rezeptmenge Sauerkrautsalat Krim

Salatsauce:
6 EL Sonnenblumenöl, kalt gepreßt
4 EL Obstessig
1 TL Akazienhonig
2 MS Vollmeersalz
Pfeffer aus der Mühle

Krautblätter einzeln vom Krautkopf lösen:
Bei festem Kraut dieses 5 Minuten in kochendes Essigwasser legen, mit großer Gabel oder Sieblöffel herausnehmen und Blätter lösen.
Die Krautblätter müssen sich gut rollen lassen, dürfen aber nicht zerfallen. Abgelöste, eventuell noch harte Blätter nochmals für einige Minuten in kochendes Essigwasser legen.
Die abgekühlten Krautblätter einheitlich zuschneiden und füllen: Sauerkrautsalat Hawaii in die Weißkrautblätter, Sauerkrautsalat Krim in die Blaukrautblätter.
Die gefüllten Krautrollen – abwechselnd eine weiße, eine blaue – auf eine Platte legen.
Öl mit Obstessig, Honig, Salz und Pfeffer cremig rühren und über die Krautrollen gießen. Mit Kräuselpetersilie verzieren.
Dieser Salat ist sehr dekorativ und eignet sich gut für ein kaltes Büfett.

Ostersalat

Maissalat Kentucky

Paprikaschoten fein würfeln, Petersilie fein hacken, Kopfsalat sorgfältig waschen, in mundgerechte Stücke reißen und im Sieb abtropfen lassen.
Eidotter cremig rühren und langsam das Öl dazugeben. Obstessig, Senf, Salz und Honig dazurühren.
Maiskörner, Paprikaschoten und Petersilie unter die fertige Mayonnaise heben und 1 Stunde kühlstellen.
Öl mit Obstessig, fein geschnittenen Zwiebeln und Schnittlauch cremig rühren. Kopfsalat unterheben und auf Salattellern verteilen. In die Mitte gehäuft den Maissalat geben.

250 g frische oder tiefgekühlte Maiskörner
250 g rote Paprikaschoten
2 EL Petersilie

1 Kopfsalat

Mayonnaise:
1 Eidotter
5 EL Mandelöl, kalt gepreßt
1 EL Obstessig
1 TL körniger Senf
1 MS Vollmeersalz
½ TL Akazienhonig

Salatsauce:
2 EL Olivenöl, kalt gepreßt
2 EL Obstessig
2 MS Kräutersalz
50 g Zwiebeln
1 Bund Schnittlauch

Abb. S. 42/43

Ostersalat

Wildkräuter gut waschen und fein schneiden (½ cm breit). Rapunzel sauber waschen, Äpfel würfeln, Karotten scheibeln, Kohlrabi schälen und stifteln, Chicorée in Streifen schneiden und Eier klein hacken.
Essig mit Öl cremig rühren, Salz, Senf und fein geschnittene Zwiebeln dazurühren. Über den vorbereiteten Salat gießen und auf Salattellern verteilen. Mit den kleingehackten Eiern bestreuen.

125 g Wildkräuter, gemischt
z. B. Löwenzahn, Sauerampfer, Knoblauchsrauke, echtes Labkraut, Giersch, Scharbockskraut, Spitzwegerich
125 g Rapunzel (Feldsalat)
200 g Äpfel
200 g Karotten
1 Kohlrabi
300 g Chicorée
2 hartgekochte Eier

3 EL Obstessig
4 EL Sonnenblumenöl, kalt gepreßt
2 MS Vollmeersalz
1 TL körniger Senf
75 g Zwiebeln

Abb. S. 32

Paprikasalat Alexandria

700 g Paprikaschoten, grün, gelb und rot
300 g Tomaten
100 g lila Zwiebeln
2 EL gehackte Petersilie
4 EL Weizen, gekeimt
4–8 Salatblätter

6 EL Olivenöl, kalt gepreßt
3 EL Obstessig
½ TL Vollmeersalz
Pfeffer aus der Mühle

Abb. S. 17

Paprikaschoten waschen, halbieren, Kerne entfernen und in sehr feine Streifen schneiden. Tomaten waschen und würfeln, Zwiebeln in feine Ringe schneiden, Petersilie grob schneiden.
Öl mit Obstessig, Salz und Pfeffer cremig rühren. Gekeimten Weizen dazugeben und über das vorbereitete Gemüse gießen. Vorsichtig mischen und 1 Stunde ziehen lassen.
Salatblätter in Schüssel oder auf Teller legen und Salat darauf verteilen.
Keimen von Weizen:
Getreide in Wasser 12 Stunden quellen lassen. In ein Sieb gießen und 2 mal täglich mit der Geschirrbrause abbrausen. Sieb in eine Schüssel hängen und bedeckt stehen lassen. Nach 2–3 Tagen sind die Keime ca. 2–3 mm lang und somit optimal verwendbar. Sie können ca. 2 Tage im Kühlschrank aufbewahrt werden.

Prinzeß-Tomate

8 Salatblätter
4 große Tomaten (ca. 500 g)
1 Schlangengurke (ca. 350 g)

Eidotter-Sauce:
3 Eidotter (hartgekocht)
4 EL Sonnenblumenöl, kalt gepreßt
1 EL Obstessig
1 EL Sauerrahm
1 TL körniger Senf
½ TL Akazienhonig
½ TL Hefepaste (Vitam – R)
2 MS Kräutersalz
2 MS Paprika, süß

Eiweiß-Sauce:
3 Eiweiß (hartgekocht)
1 EL Sonnenblumenöl, kalt gepreßt
1 EL Obstessig
1 MS Kräutersalz

Abb. S. 17

Je 2 gewaschene, gut abgetropfte Salatblätter auf 4 Salatteller legen. Tomaten von oben so in 8 Teile schneiden, daß sie unten noch zusammenhängen. Diese auf die Salatblätter legen und in jeden Einschnitt eine 3–4 mm dicke, ungeschälte Gurkenscheibe stecken.
Eidotter mit der Gabel zerdrücken, mit Öl, Obstessig, Sauerrahm, Senf, Honig, Hefepaste, Salz und Paprika zu einer dicken Sauce rühren.
Eiweiß sehr fein hacken. Öl, Obstessig und Salz verrühren und gehacktes Eiweiß darin wenden.
Dottersauce in die Mitte der Tomate geben, Eiweißsauce über den grünen Salat verteilen.
Ein Salattteller für festliche Anlässe.

Rapunzelsalat Exquisit

Feldsalat gründlich waschen und abtropfen lassen. Weißkraut fein hobeln (Rohkostmaschine: Scheibentrommel), mit Salz bestreuen, gut mischen und ca. 1 Stunde durchziehen lassen. Weintrauben vom Stiel zupfen.
Fein geschnittene Zwiebeln mit Essig, Öl und Senf verrühren, über das vorbereitete Weißkraut gießen und mischen. Dann Feldsalat und Weintrauben vorsichtig unterziehen.

200 g Feldsalat (Rapunzel)
500 g Weißkraut
½ TL Vollmeersalz
300 g kernlose, kleine Weintrauben (Sultanas)
75 g Zwiebeln
3 EL Obstessig
4 EL Mandel- oder Walnußöl, kalt gepreßt
1 TL körniger Senf

Abb. S. 42/43

Rettichsalat mit Kresse

Kresse waschen und fein schneiden. Rettiche sauber bürsten und nur bei harter Schale schälen (rote Rettiche ungeschält verwenden).
Mit der Rohkostmaschine (große Lochtrommel) grob raspeln. Mit Öl, Salz und geschnittener Kresse mischen und gleich servieren.
Durch das Öl verlieren die Rettiche ihre eventuelle Schärfe.

125 g Kresse
2 große Rettiche
3 EL Sonnenblumenöl, kalt gepreßt
3 MS Kräutersalz

Abb. S. 10/11

Römischer Salat

1 Staude Römischer Salat (italienischer Winterfreilandsalat)
1 Bund Radieschen
500 g Tomaten
250 g Paprikaschoten, gelb
2 hartgekochte Eier
2 EL kleine Kapern
16 schwarze Oliven
Kräutersalz

Saft von 1 Zitrone, unbehandelt
5 EL Olivenöl, kalt gepreßt
1 TL körniger Senf

Römischen Salat entblättern, waschen und in ½ cm breite Streifen (wie bei Endivie) aufschneiden. Radieschen scheibeln, Tomaten würfeln und Paprikaschoten in feine Streifen schneiden.
Den so vorbereiteten Salat wechselweise in Lagen in eine Schüssel schichten, dazwischen Eischeiben, Kapern und Oliven legen und jede Schicht dünn mit Kräutersalz bestreuen. Mit Eischeiben und Oliven abschließen.
Zitronensaft mit Öl und Senf cremig rühren und über den Salat verteilt gießen. Etwa 15 Minuten ziehen lassen, nicht mischen, auch nicht vor dem Servieren.
Dieser Salat kann auch 2–3 Stunden ziehen, ohne daß er zusammenfällt.

Rote Rüben auf Salatblättern

200 g rote Rüben
250 g Äpfel

2 EL Sonnenblumenöl, kalt gepreßt
2 EL Obstessig
2 MS Vollmeersalz
50 g Zwiebeln

8 Salatblätter
4 EL frische Kokosnuß

Rote Rüben sauber bürsten und mit den Äpfeln fein reiben (Rohkostmaschine: Birchertrommel).
Öl mit Obstessig, Salz und fein geschnittenen Zwiebeln verrühren, zu den roten Rüben geben und mischen.
Gewaschene Salatblätter auf Teller breiten und Rübensalat darauf verteilen. Kokosnuß grob raspeln (Rohkostmaschine: große Lochtrommel) und über den Salat verteilen.
Öffnen der Kokosnuß: Mit Handbohrer vorsichtig mindestens 2 der 3 von Natur aus angedeuteten Löcher aufbohren und Kokosmilch in eine Tasse laufen lassen. Dann die Kokosnuß in einen Gefrierbeutel geben, verschließen und einige Male auf unempfindlichen Steinboden werfen. Die so erhaltenen einzelnen Nußstücke lassen sich nun leicht von der Schale trennen.
Nußstücke waschen und gleich verwenden oder 1–2 Tage im Kühlschrank aufbewahren.

Salat Gourmet mit Mandelsauce

Salat Gourmet mit Mandelsauce

600 g Chinakohl
250 g Granatapfel
250 g Orangen
200 g Bananen
200 g blaue Weintrauben
½ Bund Petersilie

300 g Sauerrahm
50 g geschälte Mandeln
Saft von 1 Zitrone, unbehandelt
1 EL Olivenöl, kalt gepreßt
2 MS Vollmeersalz
1 Knoblauchzehe
2 EL fein gehackte Petersilie

Abb. S. 37

Chinakohl in ½ cm breite Streifen schneiden, Granatapfel vierteln und durch Zurückbiegen der Schale rote Fruchtkerne herauslösen. Orangen schälen, halbieren und in dünne Scheiben schneiden. Bananen schälen und scheibeln, Weintrauben halbieren, Petersilie grob schneiden. Alles vorsichtig mischen und in Glasschüssel anrichten.
Sauerrahm mit fein geriebenen Mandeln (Rohkostmaschine: Feintrommel), Zitronensaft, Öl, Salz, kleingeschnittener Knoblauchzehe und fein gehackter Petersilie cremig rühren.
In Sauciere füllen und gekühlt zum Salat reichen.

Salatteller, gemischt

6–7 verschiedene Salat- und Gemüsesorten der Jahreszeit
1 geschmacklich dazu passende Obstsorte, z. B. Erdbeeren, Melonen, Ananas

300 g Joghurt
3 EL Sonnenblumenöl, kalt gepreßt
3 EL Obstessig
1 EL körniger Senf
½ TL Kräutersalz
1 TL Akazienhonig
1 TL getrocknete Salatkräuter
2 EL frische Salatkräuter
1 kleine Zwiebel
1 kleine Knoblauchzehe

Titelbild

Salat und Gemüse, je nach Art, reiben, raspeln, schneiden oder stifteln und auf einer Platte oder für jede Person auf einem flachen Eßteller nach Farbkontrasten anordnen. In die Mitte einige Stücke oder Scheiben Obst legen.
Joghurt mit Öl, Essig, Senf, Salz, Honig und getrockneten Salatkräutern glatt verrühren. Frische Kräuter, Zwiebel und Knoblauch sehr fein schneiden und unterrühren.
In einer Sauciere zum Salat reichen.

Sauerkrautsalat

Sauerkraut kleinschneiden, Äpfel und Gurken klein würfeln.
Sonnenblumenöl mit Zitronensaft und Honig verrühren, fein geschnittene Zwiebel, Basilikum und Kümmel dazugeben.
Sauerkraut, Äpfel und Gurken unterheben und 30 Minuten ziehen lassen. Mit gehackter Petersilie bestreut auf Salatblättern anrichten.

500 g rohes Sauerkraut, unpasteurisiert
2 rotbackige Äpfel
2 milchsaure Gurken

3 EL Sonnenblumenöl, kalt gepreßt
Saft von ½ Zitrone, unbehandelt
1 TL Akazienhonig
1 kleine Zwiebel
1 TL Basilikum
1 TL Kümmel

1 TL gehackte Petersilie
4 Salatblätter

Sauerkrautsalat Hawaii

Sauerkraut kleinschneiden, Äpfel mit der Schale raspeln (Rohkostmaschine: große Lochtrommel) und gleich untermischen, damit sie nicht braun werden. Ananas vierteln, mittleren Strunk und Schale entfernen und Fruchtfleisch fein stifteln. Zwiebeln fein schneiden.
Öl und Zitronensaft cremig rühren, über Sauerkraut und Obst gießen, mischen. 30 Minuten ziehen lassen.
Mit Petersilie bestreut auf Radicchioblättern anrichten.

500 g rohes Sauerkraut, unpasteurisiert
2 mittelgroße Äpfel
¼–½ Ananas, je nach Größe
100 g Zwiebeln

4 EL Sonnenblumenöl, kalt gepreßt
Saft von 1 Zitrone, unbehandelt

1 gehäufter EL gehackte Petersilie
8 Blätter Radicchio

Sauerkrautsalat Krim

Sauerkraut fein schneiden. Rote Rüben waschen und sauber bürsten, diese zusammen mit den ungeschälten Äpfeln zum Sauerkraut reiben (Rohkostmaschine: Bircher-Trommel). Zwiebeln fein schneiden und mit dem Öl alles gut vermengen.
Salatblätter in eine Schüssel oder auf Salatteller legen und darauf den Salat geben. Kokosnuß (Öffnen s. S. 36) fein reiben (Rohkostmaschine: Bircher-Trommel) und über den Salat verteilen.

400 g rohes Sauerkraut, unpasteurisiert
200 g rote Rüben
200 g Äpfel
50 g Zwiebeln
4 EL Olivenöl, kalt gepeßt

½ Kopfsalat
100 g Kokosnuß

Abb. S. 22/23

Sauerkrautsalat Roma

50 g Weizen, gekeimt (siehe S. 34)
Saft von 1 Zitrone, unbehandelt
4 EL Sonnenblumenöl, kalt gepreßt
1 TL Basilikum
1 TL Kümmel

500 g rohes Sauerkraut, unpasteurisiert
75 g Zwiebeln
300 g Äpfel
1 milchsaure Gurke

4–8 Salatblätter
½ Bund Schnittlauch

Zitronensaft mit Öl cremig rühren, Basilikum, Kümmel und gekeimte Weizenkörner dazugeben und 1 Stunde ziehen lassen.
Sauerkraut fein schneiden und Zwiebeln, Äpfel und Gurke fein würfeln. Zur Salatsauce geben und nochmals 15 Minuten ziehen lassen.
Salatblätter in Schüssel oder auf Teller breiten und Salat darauf verteilen. Mit fein geschnittenem Schnittlauch bestreuen.

Schwarzwurzelsalat pikant

500 g Schwarzwurzeln
1 rote Paprikaschote (200 g)
1 grüne Paprikaschote (200 g)
1 kleine Staude Radicchio

3 EL Obstessig
4 EL Sonnenblumenöl, kalt gepreßt
2 MS Vollmeersalz
1 TL körniger Senf
50 g Zwiebeln
50 g Lauch
3 EL Petersilie

Essig, Öl, Salz und Senf cremig rühren. Zwiebeln, Lauch und Petersilie kleinschneiden und dazugeben.
Schwarzwurzeln waschen und mit Kartoffelschäler schälen. Fein reiben (Rohkostmaschine: Bircher-Trommel) und sofort unter Salatsauce heben, damit sie nicht braun werden. Paprikaschoten kleinwürfeln und dazugeben. Alles gut mischen.
Radicchioblätter in Schüssel oder auf Teller breiten und Salat darauflegen.

Selleriesalat Astor

Sellerie waschen, sauber bürsten, putzen und fein stifteln (Rohkostmaschine: Stäbchentrommel). Äpfel klein würfeln. Ananas vierteln, Strunk und Schale entfernen und Fruchtfleisch fein stifteln.
Sahne mit Salz, Honig und Zitronensaft verrühren und gehackten Dill und Petersilie dazugeben. Über das vorbereitete Gemüse und Obst gießen und mischen.
Radicchioblätter in Schüssel oder auf Salatteller breiten, Salat darauf verteilen und mit grobgehackten Walnußkernen bestreuen.

300 g Sellerie, netto
300 g Äpfel
½ Ananas (ca. 300 g, netto)

150 g Sahne
2 MS Vollmeersalz
1 TL Akazienhonig
Saft von 1 Zitrone, unbehandelt
1 EL gehackter Dill
1 EL gehackte Petersilie

8 Radicchioblätter
4 EL Walnußkerne

Spinatsalat mit Tomaten

Frischen, jungen Spinat gut waschen, im Sieb abtropfen lassen und mit den Stielen in 1 cm breite Streifen schneiden. Radieschen scheibeln, Paprikaschoten und Tomaten kleinwürfeln.
Öl und Obstessig cremig rühren, Salz, Ingwer, Thymian, Senf, Honig und kleingewürfelte Zwiebeln dazurühren.
Salatsauce über vorbereitetes Gemüse geben und mischen.
Mit Eischeiben und Oliven garnieren.

250 g Spinat
1 Bund Radieschen
200 g gelbe Paprikaschoten
400 g Tomaten

2 EL Olivenöl, kalt gepreßt
2 EL Obstessig
2 MS Kräutersalz
2 MS Ingwer
2 MS Thymian
1 TL körniger Senf
½ TL Akazienhonig
75 g Zwiebeln

1 hartgekochtes Ei
4 Oliven

Abb. S. 10/11

Abb. auf folgenden Seiten: Herbstsalate: Maissalat Kentucky, Repunzelsalat Exquisit, Bunter Staudensellerie, Blumenkohl mit Karotten, Wirsingsalat mit Radieschen

Spinatsalat Regina

350 g Spinat

150 g Sahne
250 g Tomaten
150 g grüne Paprikaschoten
1 Knoblauchzehe
2 MS Vollmeersalz
1 TL körniger Senf
1 Bund Schnittlauch

Frischen, jungen Spinat gut waschen, im Sieb abtropfen lassen und mit Stielen in 1 cm breite Streifen schneiden.
Sahne steif schlagen. Tomaten und Paprikaschoten zerschneiden, dann fein mixen. Knoblauchzehe fein schneiden oder durch Knoblauchpresse pressen. Mit Salz, Senf und fein geschnittenem Schnittlauch alles unter die Sahne heben.
Spinat auf Salattellern verteilen und bei Tisch mit Sahne-Tomaten-Creme übergießen.

Tomaten gefüllt

8 Tomaten (ca. 800 g)
Kräutersalz

2–3 kleine Kohlrabi oder Rettiche
2 MS Kräutersalz
2 EL Sonnenblumenöl, kalt gepreßt
100 g Kresse

½ Kopfsalat

Von den gewaschenen Tomaten Kappe abschneiden und mit einem Teelöfel Fruchtfleisch herausnehmen (dieses wird anderweitig für Sauce oder Suppe verwendet). Ausgehöhlte Tomaten und Kappen leicht mit Kräutersalz bestreuen.
Kohlrabi schälen und raspeln (Rohkostmaschine: große Lochtrommel). Mit Salz, Öl und fein geschnittener Kresse mischen. Gehäuft in die Tomaten füllen, Kappen auflegen und auf Salatblättern anrichten.

Topinambursalat Brasilia

Essig und Öl cremig rühren, Kräutersenf, Salz, feingewürfelte Zwiebeln und gekeimte Mungbohnen unterziehen.
Topinambur sauber bürsten und putzen. Mit der Schale grob in die Salatsauce raspeln (Rohkostmaschine: große Lochtrommel). Unter die Salatsauce heben.
Radicchioblätter in Schüssel oder auf Teller breiten, Salat darauflegen und mit fein geschnittenem Schnittlauch bestreuen.

500 g Topinambur
40 g grüne Sojabohnen (Mungbohnen), gekeimt (siehe S. 30)
1 kleine Staude Radicchio
1 Bund Schnittlauch

3 EL Obstessig
5 EL Olivenöl, kalt gepreßt
1 EL körniger Senf
2 MS Vollmeersalz
50 g Zwiebeln

Abb. S. 22/23

Waldorfsalat

Sellerie sauber unter Wasser bürsten, putzen und fein stifteln (Rohkostmaschine: Stäbchentrommel). Äpfel würfeln, Orangen schälen, vierteln und fein scheibeln. Ananas vierteln, Strunk und Schale abschneiden und Fruchtfleisch fein stifteln.
Schichtkäse mit Sahne, Sauerrahm, Zitronensaft, Honig, Salz und Öl cremig rühren. Über das vorbereitete Gemüse und Obst gießen und vorsichtig mischen.
Salatblätter in Schüssel oder auf Teller breiten und Salat darauf verteilen. Mit grob gehackten Walnußkernen bestreuen.

300 g Sellerie, netto
250 g Äpfel
250 g Orangen, netto
¼ Ananas (ca. 250 g, netto)

150 g Schichtkäse (= fester Quark)
4 EL Sahne
2 EL Sauerrahm
Saft von 1 Zitrone, unbehandelt
1 TL Akazienhonig
1 MS Vollmeersalz
3 EL Sonnenblumenöl, kalt gepreßt

1 kleiner Kopfsalat oder Radicchio
50 g Walnußkerne

Walnuß-Krautsalat

Das geputzte Kraut mit der Rohkostmaschine (große Lochtrommel) grob raspeln, mit Kräutersalz bestreuen, mischen und 30 Minuten ziehen lassen. Dann das Öl und die grob gehackten Walnüsse unterziehen.

350 g Weißkraut, netto
350 g Blaukraut, netto
½ TL Kräutersalz

3 EL Walnußöl, kalt gepreßt
75 g Walnußkerne

Abb. S. 22/23

Wildkräutersalat Frühling

125 g Wildkräuter, gemischt (s. S. 33)
125 g Rapunzel (Feldsalat)
200 g Chicorée
200 g Radicchio
300 g Orangen, netto
200 g Äpfel
100 g grüne oder schwarze Oliven

Saft von 1 Zitrone, unbehandelt
4 EL Olivenöl, kalt gepreßt
1 TL körniger Senf
2 MS Vollmeersalz
75 g Zwiebeln

Abb. S. 10/11

Wildkräuter sauber waschen und fein schneiden (½ cm breit). Rapunzel gut waschen, Chicorée und Radicchio waschen und in Streifen schneiden. Orangen schälen, vierteln und scheibeln, Äpfel würfeln.
Das so vorbereitete Obst, Gemüse und Oliven schichtweise in eine Salatschüssel geben.
Zitronensaft mit Öl cremig rühren, Senf, Salz und kleingeschnittene Zwiebeln dazurühren. Unmittelbar vor dem Servieren über den Salat gießen und mischen.

Wintersalat

150 g Feldsalat (Rapunzel)
250 g Chicorée
250 g Radicchio
1 mittelgroße lila Zwiebel

250 g Joghurt oder Dickmilch
1 Banane
1 TL Ganzkornsenf
2 MS Vollmeersalz
4 EL Olivenöl, kalt gepreßt
2 EL Obstessig
20 g Schafskäse

Feldsalat sehr gut waschen, Chicorée und Radicchio in dünne Streifen schneiden, Zwiebel fein würfeln und alles gut gemischt in eine Salatschüssel geben.
Joghurt mit allen angegebenen Zutaten mixen und über den Salat gießen oder in einer Sauciere servieren.

Wirsingsalat mit Radieschen

400 g Wirsing, netto
300 g Äpfel
2 Bund Radieschen
4 EL Kürbiskerne

5 EL Sonnenblumenöl, kalt gepreßt
3 EL Obstessig
2 MS Kräutersalz
1 TL körniger Senf
1 TL Akazienhonig
50 g Zwiebeln
1 Bund Schnittlauch

Abb. S. 42/43

Die äußeren Wirsingblätter abschneiden (für Gemüsegericht zu verwenden) und nur den zarten, hellen Wirsingkopf für Salat verwenden.
Wirsing waschen, vierteln und grob raspeln (Rohkostmaschine: große Lochtrommel). Äpfel würfeln, Radieschen scheibeln.
Öl mit Obstessig cremig rühren, Salz, Senf, Honig, fein geschnittene Zwiebeln und Schnittlauch dazugeben. Über das vorbereitete Gemüse und Obst geben, mischen und 30 Minuten ziehen lassen. Mit Kürbiskernen bestreut anrichten.

Qualitätsansprüche an Lebensmittel

Beim Kauf von Lebensmitteln sollten Sie darauf achten, daß diese aus ökologischem/biologischem Anbau stammen und von einer der inzwischen über 60 Bio-Organisationen kontrolliert werden. Die wichtigsten Organisationen in Europa und USA sind:

Internationale Dachorganisation IFOAM (International Federation of Organic Agriculture Movements), ANOG (BRD), Demeter-Bund (BRD), Biokreis Ostbayern (BRD), Bioland (BRD), FESA (F), Nature et Progrès (F), Vida Sana (E), Demeter-Bund (A), ORBI (A), Bio-Grain (NZ), FVO (USA), OCIA (USA), CCOF (USA).

Als erstes europäisches Land hat Österreich den biologischen Anbau gesetzlich geregelt.

Die entsprechende Deklaration gibt Ihnen die Sicherheit, Produkte aus kontrolliertem biologischem Anbau gekauft zu haben. Sie sind die Grundlage einer gesunden Ernährung.

Der biologische Landbau leistet überdies einen wesentlichen Beitrag zur Vermeidung von Umweltbelastungen.

Die Standardwerke der natürlichen Ernährung von Helma Danner
Helma Danner
Die Bio-Kost für mein Kind
Die biologische Ernährung von Säugling und Kleinkind
Mit einem Vorwort von Dr. med. M.O. Bruker
ECON
160 Seiten mit 18 Zeichnungen ISBN 3-430-12022-5
24,– DM*
Helma Danner
Die Naturküche
Vollwertkost ohne tierisches Eiweiß
Mit einer ärztlichen Einführung von Dr. M.O. Bruker
368 Seiten mit 27 Zeichnungen plus 16 Seiten Farb-Abb., ISBN 3-430-12019-5
34,– DM
Helma Danner
BIOLOGISCH KOCHEN UND BACKEN
Das Rezeptbuch der natürlichen Ernährung mit einem Vorwort von Dr. med. M.O. Bruker
ECON
288 Seiten mit 8 Farb-Abb. und 30 Zeichnungen, ISBN 3-430-11998-7
29,80 DM*
Helma Danner
Die Bio-Kochschule für unsere Kinder
270 Seiten incl. ca. 400 Textzeichnunge ISBN 3-430-12016-5
29,80 DM
ECON
*Auch erhältlich als ECON Taschenbuch: Biologisch kochen und backen, 14,80 DM / Die Biokost für mein Kind, 9,80